LETTRE

A MESSIEURS LES RÉDACTEURS

DU

JOURNAL DE PARIS.

LETTRE

A MESSIEURS LES RÉDACTEURS

DU

JOURNAL DE PARIS.

A PARIS,

Chez { Les Marchands de Nouveautés, au Palais Royal; MIGNERET, Imprimeur-Libraire, rue du Dragon, N.° 20.

1823.

Madrid, le 24 Août 1823.

LETTRE

A MESSIEURS LES RÉDACTEURS

DU

JOURNAL DE PARIS.

De Madrid où j'observe les événemens , et où je lis avec prédilection votre Journal et celui des Débats , tout ministériel qu'il soit, je viens , Messieurs, vous remercier du plaisir que m'a fait votre intéressant article du 9 courant, dans lequel vous savez, avec dignité, rendre conditionnellement justice aux bonnes intentions du ministère français , dont vous admettez comme preuve l'énergique réponse au Drapeau Blanc, dans laquelle un écrivain distingué du journal des Débats signale enfin et démasque les audacieux rédacteurs de cette feuille incendiaire.

A ce compliment dicté par un esprit de justice et de conciliation auquel il serait à désirer , dans les circonstances importantes où nous nous

trouvons , que les journaux de l'opposition con-
sentissent à se rallier tous , je joindrai quelques
réflexions , que je me plais à croire que vous
voudrez bien insérer dans un de vos numéros,
sur la guerre que se font à outrance les journalistes , particulièrement au sujet de l'intervention décidée au congrès de Vérone, et de l'issue
finale de cette intervention qui doit résoudre
un grand problême.

Lorsqu'on délibéra sur cette intervention armée , qui semblait mettre en question la forme
et l'origine des institutions sociales , le sort de la
Péninsule , le repos de la France , et qui exci-
tait vivement les appréhensions de l'Europe entière , les journaux , organes des opinions diverses
et des intérêts plus ou moins opposés qui prétendent au pouvoir , avaient signalé par des
dénominations caractéristiques les partisans de
ces opinions , les lecteurs affectionnés à telle ou
telle doctrine politique : le journal des Débats ,
par exemple , avait qualifié de *fanatiques*, ex-
pression qui fut avidement adoptée par l'opposition , les hommes qui ne voyaient de salut pour
le trône et l'autel , pour la monarchie et la ci-
vilisation que dans l'invasion de l'Espagne par
nos belliqueuses et royales phalanges ; ceux-ci ,
membres de l'opposition de droite , lecteurs
habitués ou rédacteurs en titre du Drapeau

Blanc , de la Quotidienne , de la Gazette , avaient gratifié du titre de *politiques* les amis et les défenseurs des opinions émises par le grave Moniteur , ou plutôt le Journal des Débats , rédigé sous l'influence d'un ministre, plus modéré que ses anciens amis, qui regardait la guerre d'Espagne comme un mal, et qui chercha long-temps à l'éviter. Ce titre de *politiques*, départi ironiquement à des hommes dont on ne put suspecter l'attachement bien connu à la dynastie , mais qui furent accusés de ne vouloir que *modifier* la révolution de nos voisins , fut adopté par la maligne opposition , qui accusa bientôt hautement les *politiques* de tendre finalement au même but que les *fanatiques*, lorsqu'elle vit surtout qu'ils cédaient par faiblesse ou conviction, sur la question si majeure de la guerre d'Espagne ; ne voulant point admettre que l'on pût être *dominé* par la nécessité. Les membres et journalistes de l'opposition constitutionnelle furent eux-mêmes qualifiés d'un commun accord de *révolutionnaires* , et ce sobriquet offensif prévalut dans les journaux du ministère , quoique l'un d'eux eût montré la velléité d'établir une distinction entre les libéraux *révolutionnaires* et les libéraux *honnêtes* ou de bonne foi. Aujourd'hui que les résultats militaires de l'intervention armée sont connus , la question qui

divisait les publicistes renaît toute entière, et peut, ce semble, être exposée sous cette formule : « Les *institutions modernes* triomphe-
» ront-elles, sous quelque forme que ce soit,
» ou sommes - nous destinés à voir rétablir en
» Espagne, sous l'influence française, *l'ancien ré-*
» *gime* dans toute l'étendue du mot, qui com-
» prend pour ce pays l'inquisition et le pouvoir
» absolu ? » Cette grande et fondamentale question, amenée de nouveau par les événcmens, ex-
cite au plus haut degré le zèle des publicistes, l'intérêt des lecteurs, l'inquiète attention du com-
merçant et du propriétaire, l'avide curiosité de l'homme de parti ; à sa solution, enfin, semble lié le sort des peuples et des Rois : si la di-
plomatie ne reste point inactive à l'approche du dénouement, de leur côté les journalistes ne négligent aucun argument, aucune allégation ; secrètes correspondances, nouvelles contradic-
toires, démentis formels, inductions hasardées, citations multipliées, souvenirs du passé, pro-
phéties interprétées, tout fait arme au moment critique. Des traits aigus restaient déposés en réserve pour le grand jour ; les rédacteurs à principes, montés eux - mêmes sur la brèche pour diriger les combattans et porter les coups décisifs, n'ont vu le danger que dans la cir-
conspection et le respect des lois divines et hu-

maines... Les traits redoutables ont été lancés...
Aussitôt la rumeur fut à son comble; des défec-
tions inopinées, des alliances nouvelles vinrent
multiplier les épisodes, varier les chances de
succès et donner un aspect imprévu aux formi-
dables partis qui se disputent la victoire.

Dans cet état de conflagration générale, les
expressions collectives qui désignaient les partisans de telle ou telle doctrine politique, et dont
l'application, d'ailleurs, n'avait pas toujours
été équitable, ont perdu de leur justesse; les
lecteurs incertains hésitent sur l'application des
termes, et les journalistes eux-mêmes sont ré-
duits à ne faire plus des *épithètes* qu'un emploi
vague ou abusif. Il faut quelque sagacité à
l'homme impartial, ami du bien et de la vérité, qui a su se former une idée juste des révo-
lutions du siècle et de la marche des évènemens,
pour classer et distinguer en ce moment, comme
il semblerait utile de le faire, les doctrines et
les partis, les hommes influens et les journaux,
qui se prétendent exclusivement chacun les défenseurs du vrai système social. Nous avons
annoncé quelques reflexions sur ce sujet; nous
les exposerons sans prétention avec une fran-
chise qui ne cherche pas plus à plaire qu'à bles-
ser, et qui ne déguise aucun intérêt différent de
l'intérêt de tous.

.. Il est nécessaire, d'abord, d'en revenir à peser dans la balance de l'équité les réclamations plus ou moins fondées qu'excitèrent dans le monde politique les qualifications que s'imposèrent réciproquement les partis ; on s'apercevra bientôt que ce n'est point là une recherche oiseuse.

Le surnom expressif de *fanatiques* donné collectivement aux partisans de la guerre d'Espagne n'était pas d'une juste application, pour ceux du moins qui, ne voyant point dans cette guerre qui leur paraissait cependant utile, le coup d'état décisif de la contre-révolution européenne, opinaient pour que l'on administrât à nos voisins la *ciguë* au lieu *d'arsenic*. C'était donner trop d'extension encore à ce terme, toujours injurieux, que de l'employer pour désigner des hommes qui, guidés par des principes plutôt que par des intérêts, ont pu croire qu'il était nécessaire au maintien de la société européenne, de substituer au dogme politique de la souveraineté populaire, proclamé à Madrid, celui de la souveraineté royale avec ses conséquences, qu'ils considèrent comme seul conservateur et moral, ou comme un dépôt sacré transmis à nos pères depuis l'institution primitive des monarchies : enfin, des hommes religieux et bien intentionnés ont pu admettre qu'il était urgent de combattre le principe d'incrédulité et d'anarchie qui fermentait et commençait à porter ses fruits dans la Péninsule , (peut-être pour neutraliser l'extrême opposé.) J'oubliais de citer ceux qui , plus humains que politiques , émus de pitié au récit des discordes civiles qui couvraient d'un crêpe funèbre et menaçaient d'arroser de sang et de larmes les plaines fertiles de l'Ibérie , invoquaient une médiation dont ils espéraient de prompts et salutaires effets , entre des frères armés déjà du fer homicide ; ceux-là s'attendrissaient aussi sur le sort affligeant d'une auguste Famille , redoutaient l'avenir qui semblait la menacer : ils virent avec joie partir le Prince généralissime qu'ils décoraient , sans arrière-pensée , du nom de pacificateur. Grand nombre des hommes qualifiés de *Fanatiques* se sont donc sentis offensés de cette appellation... Gardons-nous d'imiter l'esprit de parti toujours injuste, et ne rejetons point, sans discernement, des motifs que peut sanctionner la conscience intègre de l'homme de bien ; laissons pour toujours ce nom aux furieux qui se glorifient , sans rougir, du titre qui les condamne : la porte du repentir leur est cependant ouverte encore , il est écrit du Dieu qu'ils prétendent servir : «*Patiens quia æternus.* »

Si nous tournons maintenant nos regards d'un autre côté , les hommes qu'on a voulu flétrir

du nom de *révolutionnaires* méritaient-ils tous
l'application de son acception toujours défavo-
rable? Il s'en faut bien, et l'on pourrait citer
des classes nombreuses de partisans des inno-
vations modernes, que la justice sévère, que
l'impartiale vérité, que l'opinion la plus monarchique doivent préserver d'une qualification qui
équivaut à une condamnation rigoureuse. Est-il
loyal et raisonnable, en effet, de désigner sous
une même dénomination les apôtres d'une *liberté*
homicide et les amis éclairés du genre humain?
les intolérans et incrédules disciples d'une philosophie mensongère, et ceux qui n'attaquent
que les abus qui dénaturent une religion toute
d'amour, que l'on prétendit concilier avec la soif
du pouvoir, la haine et la cupidité? Faut-il
mettre sur la même ligne le radical féroce, le
carbonari conspirateur, le clubiste de la *Fon-
tana*, et le constitutionnel sincère, homme moral et bon citoyen, qui aime les institutions modernes, parce qu'il gémissait des anciens abus,
qui adopte avec l'enthousiasme d'un cœur pur
certain principe et bénit certains résultats de
la révolution, tout en déplorant les erreurs et
détestant les crimes atroces de cette période de
crises? Condamnerons-nous avec rigueur et sans
appel cette jeunesse ardente et généreuse qui,
dégagée des liens oppresseurs de la pensée, ido-

(9)

lâtre de la justice et croyant encore au bon-
heur ici-bas, tressaillit d'aise au nouveau siècle,
à l'aspect séduisant pour tous d'une période
d'harmonie de paix et de prospérité, succédant
à tant de siècles de bouleversemens et d'infor-
tunes ? Ah ! soyons justes et indulgens, n'asso-
cions point par un terme méprisant l'homme
sincère et ami du bien qui combattit éloquem-
ment la guerre d'Espagne, croyant y voir une
atteinte à l'indépendance des nations, l'acheminement au rétablissement d'institutions odieu-
ses, le prélude du renversement de principes
qu'il regarde comme une garantie inviolable de
la paix et de la félicité de son pays qu'il aime,
comme la sauve-garde et l'appui de l'autorité
royale qu'il révère ; ne le confondons point,
dis-je, avec cet ambitieux artisan de troubles,
ce séditieux provocateur de révoltes, qui mas-
quant ses passions funestes d'un faux amour de
la liberté, pouvait à peine déguiser sa joie per-
fide à l'approche de cette guerre formidable,
qui servait d'aliment à l'espoir coupable de nou-
veaux désordres et de malheurs plus grands ?
Cessons enfin de frapper également d'ana-
thême l'incorrigible ennemi de tout culte di-
vin, le profanateur d'une religion sainte, mys-
térieux et coupable sectaire, enthousiaste parti-
san d'une prétendue régénération politique, qui

livrerait à ses amis le pouvoir et les revenus publics, dont le mot d'ordre secret est impiété, licence ; et ces disciples zélés de l'évangile, peut-être plus chrétiens que catholiques , il est vrai ; mais qui adorent « en esprit et en vérité celui qui est esprit. » Si c'est trop de rendre justice, cessons au moins de calomnier, la religion et la loi nous l'ordonnent, ces adorateurs éclairés, vertueux et modestes du Sauveur des hommes ; qui, attentifs à l'accomplissement des temps, n'oublient point qu'il leur a été recommandé de prier chaque jour pour l'avénement promis sur cette terre d'exil de son règne glorieux et réparateur. Mettons un terme, il en est temps, aux abus engendrés par cette étrange confusion de langage qui jette le désordre dans les idées des hommes les mieux intentionnés et alimente l'esprit de parti , fléau cruel de nos temps si féconds en vertus et en vices.

Je parlerai peu des *politiques*, et ce peu dira beaucoup : ils ont peut-être des vues profondes, des idées saines, de la modération, du désintéressement, la connaissance des hommes ; ils inclinaient presque à se confondre avec les *doctrinaires* et semblent devoir s'en rapprocher encore ; ils ont peu réclamé contre l'adjectif diversement interprété qui les qualifie ; ils sont patiens, et semblent attendre du temps l'occa-

sion de développer et d'appliquer leurs théories ; le temps aussi nous apprendra à les juger
en dernier ressort , après les avoir loués conditionnellement, s'ils savent discerner leur posi-
tion, combattre franchement les résistances et
marcher avec persévérance dans la voie qui leur
est ouverte ; ils rallieront bientôt ceux des fanatiques et des révolutionnaires , pour qui ces
appellations furent calomnieuses, et qui, sépa-
rés à l'extérieur , sont foncièrement unis par
un amour désintéréssé du bien. Aidés de ces
honorables auxiliaires qui formeront une impo-
sante majorité, ils seront à même alors de pré-
sider sous l'œil de la Providence aux destinées
de l'Europe.

Revenons maintenant à la Péninsule : les évè-
mens importans de la guerre dont elle est le
théâtre ont mis dans un jour nouveau les in-
culpations et les prétentions réciproques ; ils
sont venus avec rapidité ranimer ou détruire
certaines espérances, vérifier ou renverser des
théories ou des principes préconisés par les fanatiques, les politiques ou les révolutionnaires,
à tort ou à raison , ainsi nommés. La nécessité
d'un traité qui consacre les institutions modernes et permette la réforme progressive des abus,
ressort de l'examen impartial des incidens et des
résultats connus de cette lutte mémorable :

déjà, peut-être, ce traité est préparé par un prince que ne peuvent tromper les inspirations généreuses de la bonté qui le caractérise, au grand scandale des *fanatiques* incorrigibles, dont le Drapeau blanc est l'organe à Paris et le *Restaurador* à Madrid. (Un ex-inquisiteur en est le rédacteur principal.)

Dans cette occurence, qui tient l'Europe attentive en suspens, le ministère français, composé d'hommes que réclamaient pour leurs alliés, sinon pour leurs chefs, les *fanatiques* et les *politiques*, semble se montrer d'accord sur le résultat final de l'intervention armée, résultat qui tromperait à la fois les espérances et les pressentimens des deux oppositions extrêmes. Cette unanimité précieuse et difficile des ministres dans une si grande circonstance, ne pourrait-elle point satisfaire les amis éclairés des institutions modernes? Il serait sage en ce cas d'effacer, pour la rendre durable, des nuances qui entretiennent l'inquiétude, et d'éviter aussi de rappeler avec aigreur les dissidences du passé, que pourrait faire oublier facilement encore une marche uniforme et harmonique pour l'avenir. L'ordre social, monarchique, constitutionnel, triomphera dans la Péninsule et par suite en France et en Europe des tentatives audacieuses de contre-révolution : après s'être appuyée sur la Russie , dont les intentions , peut-être mal connues , effraient , la France s'unit à l'Angleterre pour consolider et étendre la liberté civile et religieuse... Heureux accords ! et puissent bientôt les Rois et les peuples y participer tous !

D'un autre côté, nos victoires tendent à consacrer ce principe *palladium* des royalistes «que toute innovation en matières d'institutions et de réforme appartient au Souverain ; » c'est aussi tout ce qu'a proclamé vouloir la Sainte-Alliance : ajoutons à cela, que les fauteurs et les apologistes de la révolte ont été foudroyés par nos légions dociles autant que valeureuses... Que peuvent demander encore les plus chauds partisans de l'intervention armée ? Je me trompe , elle a été aussi et principalement sollicitée par des hommes pour qui les principes, la paix des nations, la royauté, la religion ne sont que des accessoires dont ils se jouent , et qui crient à l'Europe, d'une voix menaçante, que c'en est fait de l'église, de la monarchie et de la société, s'ils ne sont incessamment appelés à les régir avec toute-puissance.

Après ces considérations inoffensives , pour qui n'est pas ennemi secret du bien public , j'engagerai l'opposition constitutionnelle de France à se rallier à un ministère qui se décide à entrer en lice contre les auxiliaires dangereux qui ne l'ont jamais entièrement dominé, et dont il signale enfin dans ses journaux l'hypócrisie, l'orgueil et les sentimens haineux : unis, ils pourront combattre et vaincre cette faction audacieuse qui , cachant sous le manteau de la religion une ambition démesurée, ou abusée par d'intolérantes et fallacieuses théories , aspire à la domination spirituelle et temporelle de l'univers.

Dans les rangs nombreux de cette opposition, souvent hostile, les hommes sincères et modérés qui ne sont dupes ni de leurs passions ni de celles des autres , entendront un conseil qu'ils ont peut-être déjà prévenu : le ministère , de son côté , sentira qu'il contracte envers eux un engagement sacré. Si une partie de cette opposition , trop irritée pour revenir à la confiance, ou conservant des intérêts opposés , ou persistant dans des théories extrèmes , méconnaît le moment et la voie de réconciliation , elle devra s'attribuer de voir conserver dans la langue des journalistes ce mot odieux de *révolutionnaire*, qu'on aimerait à voir tomber en désuétude , après tant d'années de discordes civiles.

Trois grandes divisions pourraient indiquer dans ce cas , d'une manière caractéristique, les partis et les doctrines que servent et défendent les publicistes , en indiquant la base profonde et la tendance finale de leurs théories diverses.

1.° Fanatisme ou machiavélisme, intolérance, inquisition, despotisme voilé pour les uns du mot théocratie, qu'ils comprennent mal, pour d'autres exprimant : monarchie légitime (*base.*) — *Tendance* : ancien régime, superstition, assoupissement et soumission à *l'autorité* des facultés morales et intellectuelles, immoralité des courtisans, domination du clergé, ignorance vicieuse et misère des peuples. — *Organes* : Drapeau blanc, Foudre, autrefois Quotidienne, Gazette, etc.

2.° Christianisme évangélique, monarchie constitutionnelle, comme acheminement au meilleur gouvernement. — *Base* : spiritualisme en philosophie. — *Tendance* : réforme progressive des abus, perfectionnement individuel et social amené par la connaissance, la pratique et le triomphe de la vraie religion et de la vraie philosophie. Progrès de l'industrie, des arts, des sciences ; prospérité et bienveillance mutuelle de toutes les classes de l'État ; la justice substituée au machiavélisme dans les relations avec les autres nations. Perspective : immortalité heureuse réservée à l'homme de bien. — *Organes* : choix laissé aux publicistes du ministère et de l'opposition.

3.° Matérialisme, incrédulité, philosophie

sceptique ou superficielle (*base.*) — *Tendance* :
Anarchie, licence, despotisme militaire, plan de
perfectibilité matérielle de l'homme et de la
société; oubli complet des intérèts moraux et
spirituels; triomphe des passions. Perspective :
anéantissement. — Je ne citerai point d'organes
et crains bien qu'il s'en trouve.

FIN.

. Imprimerie de **MIGNERET**, rue du Dragon , N.º 20.